AF459104

FAITS RELIGIEUX

DE

L'ARMÉE D'ORIENT.

On rapporte d'un pieux Ecclésiastique qu'ayant eu à supporter une opération longue et redoutable, il souffrit avec tant de courage, qu'il paraissait insensible à la douleur ; et comme le chirurgien surpris lui témoignait son admiration : « Je songeais à autre chose, dit-il naïvement. » Réponse sublime dont il était facile de saisir le sens en voyant les yeux du patient constamment levés sur son crucifix.

C'est une réponse semblable que peuvent faire tant de militaires lorsqu'on leur communique quelques-uns de ces bons livres qui portent la consolation dans leur ame et qu'ils demandent avec tant d'avidité au milieu de leurs souffrances, pour les distraire et les soulager. Puisse notre petit ouvrage avoir le bonheur de suspendre un moment la douleur de quelques-uns et de porter le baume d'une sainte pensée dans leur ame, comme le feront sans doute tant d'ouvrages excellents que l'ingénieuse charité

1857

N'oublions pas encore ces belles réunions militaires qui ont lieu à Lyon, à Metz et autres villes de guerre, dans l'intention de prier et de recevoir la parole évangélique. Nous ne sortons pas de notre sujet en les rappelant, puisque dans ces réunions s'alimente le feu sacré du dévoûment à Dieu et à la patrie, dont nos braves soldats donnent si souvent la preuve.

Sans doute la prière de tous ces soldats animés de l'esprit du christianisme ne sera pas stérile, et elle donnera secours à leurs frères qui portent en Orient l'honneur de la France et du nom chrétien. Elle obtiendra du Ciel la sagesse à nos conseils et la victoire à nos armées ; car la Providence se laisse guider par la prière des chrétiens, dans le gouvernement de l'univers, et les évènements visibles ont leur cause dans le monde invisible.

« Le bronze qui appelle à la prière enfonce plus de bataillons que le bronze qui tue les hommes, » disait un prêtre à un général qui voulait fondre des cloches pour en faire des canons.

Bossuet s'écriait aussi, à propos des victoires de Louis XIV, dans l'oraison funèbre de Marie-Thérèse d'Autriche : « On ne se trompe pas, chrétiens, quand on attribue tout à la prière ; Dieu qui l'inspire ne lui peut rien refuser. Il n'y a point de sagesse contre le Seigneur, et pendant que les hommes délibèrent, il ne s'exécute que ce qu'il résoud...

» Les Machabées étaient vaillants, et néanmoins il est écrit qu'ils combattaient plus par leurs prières que par leurs armes, assurés, par l'exemple de Moïse, que le mains élevées à Dieu enfoncent plus de bataillons que celles qui frappent. Quand tout cédait à Louis et que nous crûmes voir revenir le temps des miracles, où les murailles tombaient au bruit des trompettes, tous les peuples jetaient les yeux sur la reine et croyaient voir sortir de son oratoire la foudre qui accablait tant de villes. »

Voilà le magnifique langage de cet évêque du grand siècle, que la France vient de contempler un instant dans son linceul (1), tandis que le sublime génie de l'aigle plane toujours sur elle. On dirait que Bossuet s'est soulevé de sa tombe pour voir si le catholicisme, qui fut l'ame de sa vie, régnait encore dans sa patrie. La joie de l'Eglise, qui vient de définir la pieuse croyance de l'Immaculée Conception dont il fut l'ardent défenseur, a dû lui répondre et réjouir ses ossements.

Un jour, dans une des réunions qu'il préside, M. l'abbé Faivre prêchait sur la résurrection du Sauveur, et il engageait ses auditeurs à la renouveler en eux par la pratique sincère des devoirs du christianisme. «C'est là une milice spirituelle qui réclame aussi l'exactitude à son service, et votre bon exemple, disait l'orateur, y enrôlera vos frères... Une flamme légère allume un incendie ; la pa-

(1) On sait qu'on a découvert récemment le tombeau de Bossuet, cet immortel génie dont la mort semble aussi respecter les dépouilles.

role du prêtre animé par la foi a commencé nos réunions devenues si imposantes aujourd'hui, et que votre bon exemple couronnera... Donnez donc l'exemple au peuple ; que vous puissiez dire, lorsque vous aurez changé le fer qui défend la patrie contre le fer qui la nourrit : Nous faisions partie de cette grande armée chrétienne qui allait comme un seul homme conquérir le ciel par la prière !

» Courbez donc vos nobles fronts devant le Dieu des armées : il est là dans son tabernacle pour vous consoler et vous nourrir, semblable à la mère dont l'enfant reçoit les tendres soins sans les comprendre encore ; c'est le mot d'un vieil officier que nous assistions dans ses derniers moments. Il se réjouissait de voir enfin ce Dieu qu'il recevait voilé et dont il avait ressenti les bienfaits, comme le petit enfant les reçoit de sa mère qu'il ne voit pas encore. »

M. l'abbé Faivre remplaçait un prédicateur absent ; il n'avait pu préparer son discours, mais la parole de Dieu, pour n'être pas *en grande tenue* comme il aurait voulu la présenter à ses chers soldats, selon son expression, n'en était pas moins efficace. Nous avons entendu un dragon tout ému s'écrier après l'instruction : *En voilà un qui connaît sa théorie !* Et le bon militaire paraissait tout disposé à la suivre, cette théorie de la milice céleste qui assure la victoire la plus difficile et la plus glorieuse à remporter.

C'est, en effet, un spectacle auquel on ne se lasse pas

d'assister, que celui de ces braves ennemis du respec' humain qui ne craignent pas de montrer le chapelet, don béni d'une mère au départ de son fils, qui entonnent les louanges de Dieu et servent à l'autel. Et pourquoi donc ne le feraient-ils pas ? Les plus grands monarques, d'illustres guerriers se tenaient fort honorés de remplir des fonctions que la foi ennoblissait à leurs yeux. Car il n'y a rien de petit dans le *service* de Dieu, et ils savaient que le *servir, c'est régner* d'avance avec lui. Et tel est l'exemple qu'ont donné les Charlemagne, les Louis IX, les Ferdinand, et tant d'éminents personnages : ils s'honoraient de servir la messe et de chanter au lutrin.

Un jour, en l'absence d'un clerc, Benoit XIII voulut servir la messe d'un jeune prêtre ; celui-ci s'y opposait à cause de la souveraine dignité du pontife : « Vous représentez Jésus-Christ, lui dit le pape ; puisque je suis son vicaire, je remplis ma fonction en vous servant. »

Le saint archevêque de Bordeaux, Mgr d'Aviau, fit une réponse analogue dans une circonstance semblable. « Eh quoi ! dit-il au célébrant, l'homme, quel qu'il soit, est-il trop grand pour servir le Roi des rois ? Laissez-moi donc vous assister dans le saint Sacrifice ; j'en serai trop honoré. » Et le prélat remplit pieusement le ministère qu'il s'était imposé.

Dans la paroisse de Saint-Roch, un inconnu se présente, à la place d'un enfant de chœur, pour servir la messe de l'abbé Sicard. Celui-ci apprit quelque temps après que cet inconnu était l'empereur Joseph II lui-même, et il avait été fort édifié de sa tenue pieuse et modeste pendant la messe.

Le grand Sobieski servit lui-même la messe et pria les bras étendus en croix en présence de toute son armée, avant de livrer le combat décisif qui devait sauver l'Europe sous les murs de Vienne. « Ce fut aux pieds des autels, a dit un guerrier chrétien, que le visir fut battu et que Sobieski remporta la victoire. »

Un grand homme comparait le service de l'autel à celui des anges, qui sont les ministres du Dieu des armées et de Notre-Dame des Victoires.

Après de tels exemples faciles à multiplier, ne pouvons-nous ajouter celui de nos soldats? Il est bien capable d'entraîner ceux de leurs camarades qu'un lâche respect humain retiendrait encore.

Puissent-ils bien comprendre la puissance de la prière!

Dans l'autre vie, tel général qui se glorifiait ici-bas d'une victoire éclatante, sera tout surpris en apprenant qu'elle a été obtenue par l'humble prière d'un soldat, perdu peut-être dans les rangs obscurs de l'armée. Oui, nous le répétons, Dieu ne juge pas comme l'homme, et la main de la Providence se laisse guider par la prière des justes dans le gouvernement de ce monde.

Un autre jour, la nombreuse assemblée militaire était réunie à l'église de la Charité et montrait par son attitude combien elle comprenait le sublime combat de la vie, cet esprit de la milice chrétienne, où la plus belle victoire est celle que l'on remporte sur soi-même ; elle aurait su braver le respect humain comme elle sait braver l'ennemi. M. l'abbé Faivre, avec son éloquence à la fois militaire et religieuse, a développé le sens mystique des présents offerts par les mages au berceau du Rédempteur qui avait voulu naître aussi dans une humble condition. L'orateur a trouvé dans l'or le symbole de l'autorité et de la puissance qui viennent de Dieu; dans l'encens, la figure de ce sacrifice de l'autel dont le signe, devenu celui de l'honneur, orne le cœur des braves et le front des Césars. Mais le sacrifice a lieu aussi sur le champ de bataille, autre autel où les victimes qui s'immolent pour la patrie sont aussi consacrées par la religion et reçoivent la palme immortelle. Ensuite, l'orateur a trouvé dans la myrrhe qui conserve les corps, le signe de l'immortalité des cieux, la seule véritable, et que l'homme cherche souvent à son insu, sous le nom de gloire et de réputation. Enfin, il a terminé en engageant ses auditeurs à incliner leur noble front devant le Dieu des armées, caché sous une humble hostie, où pourtant il inspire tant de merveilles.

I.

Les païens et les chrétiens à la guerre.

Il y aurait une étude intéressante à faire en comparant la conduite des anciens et des païens à celle des chrétiens, sur le champ de bataille. Le païen achève le blessé ; il tue le prisonnier ou le rend esclave. Le musulman lui-même coupe la tête au vaincu. Il ne comprend pas la clémence ; il la regarde comme une preuve de faiblesse, et plus d'une fois il en a abusé contre nous en Afrique. Les Turcs sont encore surpris de notre conduite à l'égard des prisonniers russes. Cependant le germe d'humanité, étouffé par une fausse croyance, commence à se faire jour dans leur cœur, à la vue de notre modération. Car le soldat français respecte l'ennemi vaincu qui n'est plus à ses yeux qu'un frère malheureux : sans s'en douter, il subit l'influence du *milieu chrétien* où il se trouve. En effet, le christianisme a introduit les principes de l'humanité dans la guerre, d'où ils paraissaient à jamais bannis, et il les place toujours, ainsi que ses propres principes, dans une sphère plus haute que les intérêts de la politique.

Y a-t-il rien de plus touchant que les soldats français oubliant leurs propres blessures pour conduire à l'ambulance celui qu'ils ont blessé, sans le connaître, et trouvant dans cette blessure mutuelle un lien d'estime et d'affection ? On dirait que l'esprit chrétien dépouille l'*homme* de la haine tout en conduisant le *soldat* au combat.

Qu'y a-t-il de plus touchant que ces trèves trop courtes pendant lesquelles les ennemis se donnent mutuellement des marques d'intérêt et font disparaître les traces des ravages de la mort, hélas ! prêts à recommencer ? Qu'y a-t-il de plus beau que ce respect des personnes sur le territoire ennemi ? Respect peu remarqué, tant il semble naturel, et qui pourtant montre si bien le caractère supérieur de la civilisation chrétienne sur la barbarie... Le chrétien n'abuse pas de sa force, et la faiblesse est pour lui un titre au respect. En voici la preuve, écoutez :

« Camp de Cardun-Bell, 8 octobre.

« Nous venons de courir à travers la Crimée, chassant les Russes devant nous. Quel beau pays je viens de parcourir ! Il est vrai, çà et là on trouve quelques traces de destruction; mais l'œil se repose avec plaisir sur de riants côteaux tout boisés, sur de belles plaines coupées par une foule de propriétés toutes plus belles les unes que les autres. Mais ce qui attriste, c'est la solitude où l'on est. Parfois çà et là on voit des camps à travers les bois, mais ce ne sont que des camps de soldats qui l'habitent. Pas un habitant : ils sont tous enfermés dans de petits villages sales et malpropres. Les riches ont disparu, il ne reste que la classe pauvre. Autant les

Russes font peser leur domination sur ces malheureux *autant les Français sont bons et loyaux dans leurs rapports. Des précautions infinies sont prises pour que la propriété et la personne des malheureux propriétaires soient respectées.* Tout ce qu'on leur prend pour consommer est payé par l'ordre et les soins des chefs. Aussi il nous aiment bien. Plusieurs d'entre eux même sont au service de nos administrations, et ils sont heureux de voir donner un salaire honnête à leurs travaux au lieu des coups de knout des Russes. »

II.

Le factionnaire du bon Dieu.

Un régiment s'apprêtait à partir de la ville de ***. Or, depuis l'arrivée de ce nouveau régiment, le curé de la cathédrale avait remarqué avec surprise un militaire qui chaque jour, depuis une heure jusqu'à trois, se tenait debout, immobile et droit comme une colonne, au milieu de l'église, devant la grille du chœur. Le bon chanoine n'eût pas été du tout fâché de savoir ce que cela signifiait.

Un jour un capitaine vint visiter la cathédrale avec sa femme. Le curé le fait entrer à la sacristie, lui raconte ce qui se passe et ajoute : « Attendez un instant, le moment va arriver, » Une heure sonne, et le militaire se met à son poste ; le capitaine regarde et s'écrie : « Mais c'est mon soldat de confiance, un excellent militaire et un brave garçon ! » On le fait venir. « Et que fais-tu donc ici ? lui dit son chef. — Mon capitaine, je fais deux heures de faction pour le bon Dieu. Voyez-vous, mon capitaine, c'est plus fort que moi, ça m'échauffe le sang.... Il y a des factionnaires partout : à Paris, il y en a quatre pour M. le président ; ici, mon général en a deux, mon colonel en a un... Pour le préfet, factionnaire... Lorsque je viens ici, je me dis : Le bon Dieu est pourtant plus que tous ces gens-là... et pas un factionnaire pour lui. Eh bien ! moi, je lui fais une faction, quand je suis libre, et je vous assure que le temps n'est pas long, puisque je l'aime comme vous l'aimez, mon capitaine. » En effet, le capitaine avait le bonheur d'être chrétien par sa vie et définissait le soldat comme M. de Maistre : « Un brave jeune homme qui craint Dieu et qui n'a pas peur du canon. »

III.

Le beau défaut d'une mère.

Il y a quelques jours, M. l'Aumônier de *** fut prié par deux militaires de porter les secours de la religion à leur mère, cantinière du régiment, et qui était tombée malade à la caserne. Il se rendit avec empressement à cette invitation, et la malade le reçut avec la plus vive satisfaction. Comme il se retirait, les deux militaires le prirent à part de nouveau, et le bon pasteur leur adressa de bien sincères félicitations sur leur zèle tout filial à procurer à leur mère les secours de la religion.

« M. le curé, notre mère a un bien grand défaut, vous seul pouvez avoir assez d'autorité sur elle pour l'engager à se corriger.

— Mes amis, reprit l'Aumônier, surpris à bon droit de cette demande, vous n'avez pas à faire la confession de votre mère ; les enfants doivent respecter leurs parents, et il ne leur appartient pas de les réprimander.

— Figurez-vous, M. le curé, que notre mère se lève toutes les nuits pour prier Dieu pendant une heure, ce qui doit beaucoup altérer sa santé ; et vous voyez bien que seul vous aurez assez d'empire sur son esprit pour l'engager à se corriger de ce défaut. »

Le respectable aumônier attendri leur répond : « Mes amis, si toutes les mères de famille avaient un semblable défaut, la face du monde serait bientôt changée. Soyez tranquilles, j'engagerai votre mère à ménager sa santé ; mais je ne m'attendais pas à trouver dans la caserne une femme aussi avancée dans la vie spirituelle. »

IV.

Faites-en un bon chrétien.

«Il y a peu de mois, un officier français partait pour la Crimée ; il allait, avec ce courage qui est le véritable héroïsme, tant il est calme et simple, trouver peut-être un trépas obscur et glorieux sous les boulets russes. Pourtant il avait la pâleur sur le front et les larmes dans les yeux. Il laissait un enfant de douze ans, seul souvenir d'un bonheur de famille que la mort avait naguère brisé ; et, au moment de prononcer un adieu qui pouvait être le dernier, il pressa le pauvre orphelin sur son cœur, et le rendant au maître qu'il avait choisi pour lui confier ce doux et cher dépôt : *Faites-en un chrétien*, *Monsieur*, lui dit-il. L'émotion l'empêcha de rien ajouter, et il s'en alla où la France appelle à cette heure ses plus nobles enfants. »

Ce fait touchant est rapporté par M. l'abbé Hyvrier, directeur de l'Institution des Chartreux.

Cet adieu d'un père et d'un chrétien contient dans sa brièveté tout le sens de l'éducation. C'est le mot qui doit guider la pensée de quiconque a revêtu les graves fonctions de maître ; c'est le mot que Dieu, la religion, la patrie, la famille lui adressent, en remettant à sa garde ces enfants, leur espérance et leur amour ; toutes ces voix lui crient : Faites-en des chrétiens !

V.

La religion élève la femme au-dessus d'elle-même pour lui inspirer le courage.

« Au mois d'août dernier, le ministre de la guerre demandait cent Religieuses à la Supérieure des Filles de Saint-Vincent-de-Paul pour desservir les hôpitaux de Constantinople et de Varna. Le même jour, vingt-deux Religieuses quittaient Paris et partaient pour l'Orient. Voici comment l'une d'elles, qui appartient au diocèse d'Arras, apprend à sa famille son départ et son arrivée à Constantinople. Nous ne changeons absolument rien à sa lettre.

» Constantinople, 5 septembre 1854.

» Mes chers parents,

» Le bon Dieu m'a choisie et m'a préférée à beaucoup de mes compagnes pour une mission qui m'est bien chère et que je désirais beaucoup; je n'osais cependant pas en témoigner le désir, car j'aurais craint de m'opposer à la volonté de Dieu, mais il est venu au devant de mes désirs. Le 24 août, notre très-honorée Mère me demanda si je voulais me dévouer à aller à l'étranger. Chers parents, j'étais tellement contente, que je ne pouvais croire ce qu'elle me disait. Le même jour, à six heures du soir, nous sommes parties, vingt-deux Sœurs et deux prêtres de la mission, pour aller soigner les soldats blessés et les cholériques. Nous nous sommes embarqués à Marseille le 27, et nous sommes arrivés à Constantinople le 5 septembre. Pendant la traversée, nous avons été malades du mal de mer, et cela nous a purgées saus prendre de médecine.

» Ma chère mère, je désirais bien vous écrire avant de partir de la communauté, mais le temps m'a manqué ; il a fallu faire le sac de suite, comme les militaires. Notre traversée n'a pas été des plus agréables ; nous avons toujours eu le vent contraire. Vous comprenez bien qu'étant nigaude comme je suis, n'ayant jamais vu que mon clocher et ma communauté, j'ai eu un peu peur, surtout la première nuit que je passai sur mer. Mais je me suis bientôt habituée. Ce que le bon Dieu fera de moi, je n'en sais rien ; mais je suis toute prête à faire sa volonté. Nous sommes chez nos Sœurs de Constantinople. Là, on va nous distribuer, les unes pour rester, les autres pour aller à la guerre. Je vous dirai que ce mot de *guerre* nous amuse beaucoup. Mais enfin, *fiat*.

» Mes chers parents, ne vous faites pas de peine ; si je suis un peu plus éloignée de vous, ce n'est que pour quelque temps, c'est pour seconder nos Sœurs. Quand toutes ces maladies seront terminées, nous retournerons. Je vous ai dit que nous étions parties vingt-deux Sœurs. Le gouvernement en a demandé un cent ; nous espérons donc qu'il va en arriver beaucoup d'autres. Dans notre traversée, nous sommes descendues deux fois. Nous avons été dans le camp des soldats. Comme ils étaient contents de nous voir ! Ce sont bien nos Sœurs qui les soignent, mais elles sont si peu nombreuses ! Ces pauvres militaires n'auraient pas voulu les voir partir et les laisser là. Le choléra a beaucoup cessé ; mais il en est beaucoup morts, et nos Sœurs nous disent qu'ils sont morts presque tous après avoir reçu les derniers sacrements. Ce sont eux qui demandaient les premiers à se confesser. Je ne puis dire combien cela me fit de peine de voir tant de jeunes gens malades, d'autres qui se mouraient ; et cela m'a fait prendre la résolution de faire tout ce que je pourrais pour leur être de quelque utilité.

» Chers parents, aidez-moi à remercier le bon Dieu de m'avoir donné une vocation si belle. C'est un petit sacrifice pour moi de quitter mes chères compagnes de Paris. Elles désiraient toutes partir, mais le bon Dieu m'a préférée. Que son saint nom soit béni !

» Je finis en vous embrassant. Veuillez présenter mes respects à M..., à tous mes parents, et mes amitiés à toutes mes compagnes de Rocquigny. Je me recommande bien à leurs prières. Pour moi, je ne les oublie pas. Chers parents, je vous écris mon arrivée ; dans quelques jours je saurai ma destination, je vous écrirai de nouveau. Je suis pour toute la vie votre...

» Sœur Benoit. »

On lit dans l'*Illustrated London News* :

« Pour remédier aux maux de la guerre qui se font sentir jusqu'à Péra, faubourg de Constantinople, il faut bien citer l'arrivée de France de vingt-quatre Sœurs de charité, Filles de Saint-Vincent-de-Paul, qui sont venues remplacer celles qui avaient déjà succombé sous le poids accablant de leurs travaux. Il y a à Galata un co vent habité par ces anges secourables, et dont on a fait un hôpital français. Cet hôpital français, desservi par trois de ces pieuses femmes, a été visité par un artiste qui a obtenu d'elles, sur l'emploi de leur temps, d'intéressants renseignements qu'il a bien voulu nous communiquer.

» A l'exception de la maison où elles vivent, dit-il, elles ne possèdent absolument rien : elle sont pauvres comme des mendiants ; elles n'ont aucune sorte de revenu ni de dotation, si ce n'est une persévérance, une résignation presque miraculeuses. A l'aide de petites collectes recueillies dans la population catholique, elles sont parvenues à fonder deux écoles, l'une dans leur propre maison, contenant environ cent jeunes filles, et une autre de Turcs, ce qui est considéré comme la chose la plus étonnante,

» Elles ont le don d'être presque partout à la fois. C'est qu'en effet, à l'exception des moments employés à leurs écoles, on les voit aller de maison en maison, visitant les pauvres de toutes les religions. Quand elles arrivèrent à Constantinople, le peuple les entoura de toutes les marques de respect. Les Turcs les appellent des *médecins*. Ils ne peuvent comprendre leur désintéressement; aussi sont-ils très-sensibles au bien qu'elles ne cessent de faire. Très-souvent des personnes riches allaient les trouver, au point que les médecins de Péra en étaient jaloux; mais aujourd'hui, lorsqu'elles savent que les dames qui s'adressent à elles sont en état de payer les soins qu'elles réclament, les Sœurs se contentent de les recommander à un docteur européen.

» Les Sœurs de charité ne vont pas seulement à chaque instant, jour et nuit, à plusieurs milles, soigner les malades; elles visitent aussi les prisons, etc., portant aux prisonniers de l'argent et des vêtements. Elles sont tellement connues et chéries, que lorsque, à la suite de quelque occupation, elles sont restées quelque temps sans se montrer, les pauvres malades, les pauvres blessés les envoient chercher. « J'ai été très-souvent, me di-
» sait une Sœur, appelée au milieu de la nuit par un *ca-*
» *vasse* ou un gendarme qui tirait la sonnette du couvent
» avant le lever du soleil et venait me prier de me rendre
» à la prison pour soigner un prisonnier mourant. »

» Il y a quatre de ces respectables Sœurs à l'hôpital de Péra, qui, aussitôt qu'elles apprirent que le choléra y avait éclaté, sont venues offrir leurs services. Celles qui sont arrivées dernièrement ont été distribuées dans les différents corps de l'armée destinés pour la Crimée, suivant les troupes partout, couchant sous des tentes. Quelques-unes viennent de mourir du choléra à Varna, une autre à Gallipoli, d'où le choléra a presque totalement disparu. Maintenant qu'il n'y a plus de danger de ce côté, elles sont rentrées dans les hôpitaux auprès de leurs *chers malades.* »

VI.

Une audience du Sultan.

Les Sœurs de Paris (Saint-Vincent) tiennent des Sœurs de Constantinople l'anecdote suivante.

« Un musulman de la classe inférieure avait été condamné à mort pour un délit qui semblerait, chez nous, peu grave, mais que la justice là-bas, parfois sommaire, punit de la dernière peine. Les Sœurs l'apprennent et s'en émeuvent. Cet homme ne peut périr. Il faut le sauver ! il faut le sauver ! s'écrie-t-on à l'envi. Mais comment ? Une démarche directe auprès du sultan paraît la voie la plus courte comme la plus sûre. Demander une audience, se dit-on, il n'est que ce moyen. Et deux Sœurs se rendent au palais, où leur présence pouvait sembler d'abord étrange. La demande d'audience rencontra plus d'une difficulté, dont leur insistance triompha. A la fin, les Sœurs sont introduites auprès du sultan, qu'elles trouvent fumant, à la mode turque, le narguilé dans un tube étincelant.

» Abdul-Medjid est un homme d'un esprit élevé et chez qui la grâce des manières s'unit à la dignité. Il accueillit les religieuses avec bienveillance. Elles expliquèrent l'objet de leur demande au sultan, qui les écoutait affable et souriant.

» — J'accorde la grâce, dit-il ; puis-je refuser quelque chose au zèle sacré qui met dans le cœur de telles pensées ? Elle est belle, cette religion qui inspire, ô saintes dames, un dévoûment comme le vôtre. Vous la faites bénir et bénir cete généreuse France. Veuillez suivre cet officier (et le sultan le désignait), il va vous conduire à la prison ; vous aurez le plaisir de délivrer de vos propres mains votre protégé pour le rendre à sa famille.

» Et, comme elles se retiraient attendries en essayant de le remercier, il ajouta :

» — N'oubliez pas le chemin de ce palais. Chaque fois que vous aurez quelque chose à me demander, ne craignez pas; toutes les portes vous seront ouvertes, à vous, les *anges de la miséricorde.* » (*Annales du Bien.*)

L'exemple et l'influence des Français et de nos Sœurs de charité ont inspiré l'humanité aux Russes et aux Turcs envers les prisonniers et les blessés. C'est encore un triomphe du catholicisme que rappellent ces heureuses représailles de la charité chez nos ennemis et nos alliés.

VII.

Le maréchal Saint-Arnaud.

« Une profonde affliction vient se mêler à la joie que répandent les glorieuses nouvelles de la Crimée. Dieu a pris une grande victime. Le héros de cette prodigieuse campagne a cessé de vivre. Les navires qui nous apportaient ses bulletins si vaillants et si pleins d'une ardeur guerrière sont suivis de celui qui nous ramène son corps inanimé. Il décrivait la bataille comme il l'avait gagnée, du même souffle ardent et puissant, et c'était son dernier soupir. On le savait malade, affaibli, miné par de cruelles souffrances ; mais qui eût pensé que la mort était là, si près, et qu'un homme pût à ce point la voir et l'oublier, ou plutôt lui commander d'attendre ?

» Il calculait ses approches, il sentait ses étreintes ; à force de volonté, il lui arrachait quelques jours, quelques heures. Quels jours et quelles heures ! Les jours de l'arrivée en Crimée, les heures de la bataille de l'Alma ! C'est au dernier terme d'une maladie de langueur, lorsque la vie fuyait de ce corps épuisé et secoué par des crises terribles, comme l'eau fuit d'une main tremblante, c'est dans cet état qu'il organisait cette expédition incomparable, qu'il en bravait les périls, qu'il en surmontait les obstacles, qu'il plantait son drapeau sur le sol ennemi, qu'il restait douze heures à cheval, qu'il donnait à la France une victoire, qu'il dictait ces ordres du jour et ces rapports aussi beaux que son triomphe, qu'il investissait Sébastopol, qu'il disait à ses soldats : Vous y serez bientôt !

» Il s'arrête là, aux portes de Sébastopol investi, au milieu de l'ennemi défait, comme s'il avait dit à la mort : Maintenant, tu peux venir.

» Une immense admiration tempère la douleur publique. On regrette le maréchal, on ne peut le plaindre. Cette fin est si belle après ce mâle combat contre la mort présente et inévitable, après ce grand service rendu à la civilisation, après ces récits historiques ! Il meurt sous les regards du monde, frappant un de ces coups d'épée qui comptent dans la vie des empires ; trois nations inclinent sur sa tombe leurs drapeaux reconnaissants ; et une quatrième qui croyait, la veille encore, dominer toutes les autres, se souviendra de lui au jour qui marque le déclin de ses destinées. Entre la Turquie qui se relève pour affranchir l'Eglise et la Russie qui s'écroule pour la délivrer, sur ces flots qui furent aussi son champ de bataille, et dont les caprices terribles n'ont pas étonné son courage, il meurt dans l'un des plus vastes linceuls où la victoire ait enveloppé ses favoris.

» C'est assez pour la gloire humaine, et ceux qui n'en connaissent et n'en désirent point d'autre, peuvent trouver que le maréchal Saint-Arnaud a été comblé.

» Mais son ame était plus grande et ses désirs plus hauts ; et en le retirant pour quelques heures du souci du commandement et du bruit des armes, la Providence lui a donné ce que sans doute il lui demandait : le temps d'humilier son cœur.

» Ce grand général était un humble et pieux chrétien. L'empire étant proclamé et établi, Saint-Arnaud, maréchal de France, ministre, grand écuyer de l'Empereur, au faîte et dans l'enivrement dangereux de toutes les prospérités, se tourna vers Dieu, non pour obtenir la santé, mais pour mourir en chrétien.

» Il avait une de ces natures sincères et franches qui ne fuient pas la vérité lorsqu'elles la voient, et qui ne craignent pas de la suivre. C'était durant son séjour à Hyères. Il fit venir chez lui le digne curé de cette ville, et, sans chercher de circonlocutions ni de détours, devant tous ceux qui étaient là, il lui dit simplement qu'il voulait se confesser. Le bon prêtre, surpris, tombe à genoux et rend grâces à Dieu qui daigne aussi parler au cœur des puissants du monde. Le maréchal, trop malade encore pour quitter sa chambre, fit ses pâques chez lui, sans mystère, en présence de ses officiers, de toute sa maison, faisant venir jusqu'au soldat qui était de planton à sa porte.

» Tel il avait été dans cette première occasion, tel il continua d'être. Guéri contre toute attente, rendu aux affaires, il ne négligea plus ses devoirs de chrétien ; il les remplit comme il faut les remplir dans les hautes situations où l'homme a, de plus que le commun des fidèles, le devoir de l'exemple.

» Lorsque l'expédition d'Orient fut décidée et que l'Empereur lui en eut donné le commandement, sa première pensée fut pour l'ame de ses soldats. On ne lira pas sans émotion la lettre suivante, écrite par lui à un illustre religieux, son ami, qui avait cru devoir lui adresser quelques recommandations à ce sujet.

« Paris, 6 mars.

» Mon révérend Père,

» Comment avez-vous pu penser un instant que je négligerais d'entourer les soldats de l'armée d'Orient de tous les secours et de toutes les consolations de la religion ?

» L'aumônerie de l'armée est formée. Je me suis entendu avec le digne abbé Coquereau, qui a mis sur un pied si respectable l'aumônerie de la flotte. Il y a un aumônier par division, par hôpital, et deux aumôniers en chef au quartier général.

» Je suis débordé par la besogne, et je soigne ma santé pour pouvoir faire vigoureusement la guerre aux Russes. J'aurai bien besoin de vos prières, mon Père ; sans l'aide de Dieu, on ne fait rien, et je mets ma confiance dans sa miséricorde et dans la protection qu'il accorde à la France. Je compte, avant mon départ, remplir mes devoirs de chrétien... »

Ces sentiments éclatent avec la même force dans une lettre écrite de Marseille, le 25 avril :

« J'arrive à Toulon, où j'ai vu avec bien du plaisir le respectable curé doyen d'Hyères. Nous avons longtemps et sérieusement causé. Il m'a aussi promis ses prières. Vous êtes assez bon pour me promettre les vôtres. Tous ces vœux ne peuvent manquer d'être agréables à Dieu, que je prie moi-même avec tant de foi et de ferveur. Je pars avec une confiance entière. Il est impossible que Dieu ne protége pas la France dans une circonstance aussi grave, aussi solennelle.

» Je suis convaincu que tout le monde fera son devoir, plus même que son devoir, et nous combattons pour une juste cause.

» Espérons donc, mon révérend Père, et donnez-moi votre bénédiction. »

» Citons encore une de ces admirables lettres où l'homme de guerre et le chrétien paraît tout entier dans sa simplicité et dans sa grandeur :

« Au quartier-général à Old-Fort (Crimée), le 18 sept. 1854.

» J'ai reçu ce matin votre bonne lettre, datée du 20 août, et je ne perds pas un instant pour vous remercier de vos vœux chrétiens et de vos prières. Elles ont été écoutées du Très-Haut !... Depuis le 14, je suis débarqué heureusement en Crimée avec toute l'armée, qui est superbe et dans les meilleures dispositions. Le débarquement s'est fait aux cris répétés de *Vive l'Empereur !* et c'est à ce même cri que nous briserons demain les colonnes russes qui nous attendent à l'Alma, et qui ne m'empêcheront pas de m'établir sous Sébastopol, le 22 ou le 23 au plus tard.

» Je presse les opérations autant que possible, car

ma santé est bien mauvaise, et je prie Dieu de me donner des forces jusqu'au bout....

» Adieu, mon révérend Père, priez pour nous, et croyez à mes sentiments de respectueuse affection.

» Maréchal A. DE SAINT-ARNAUD. »

» Que pourrions-nous ajouter qui fût digne de nos respects, de notre admiration, de nos regrets, de nos espérances ? Il n'est plus, mais il a servi son pays et honoré Dieu : ses œuvres lui ouvrent la porte de l'histoire, et sa foi celle de l'éternité

» Louis VEUILLOT. »

On vient de publier la correspondance du maréchal de Saint-Arnaud. Elle commence en 1831, lorsque M. de Saint-Arnaud fut nommé sous-lieutenant au 46e de ligne, et elle finit la veille du jour où il succomba en Crimée.

Voici quelques passages admirables de ses dernières lettres :

A M. LEROY DE SAINT-ARNAUD, CONSEILLER D'ÉTAT,

« Varna, le 9 août 1854.

» Cher frère, jamais, si je me laissais aller à mes impressions, à ma disposition d'esprit et de cœur, je ne t'aurais écrit une lettre plus triste. Je suis au milieu d'un vaste sépulcre, faisant tête au fléau qui décime mon armée, voyant mes plus braves soldats s'éteindre au moment où j'ai le plus besoin d'eux, et n'en continuant pas moins les préparatifs d'une expédition formidable.

» Chaque jour la rend plus nécessaire. Je ne puis rester à Varna. Au choléra succèderont les fièvres. Je ne puis relever l'armée que par un coup de tonnerre.

» Y a-t-il dans l'histoire beaucoup de situations semblables à la mienne? Mon moral et mon énergie du moins s'élèveront à sa hauteur. Dieu, qui me frappe d'une main, me soutient de l'autre. Ma santé n'a de longtemps été meilleure, au milieu des chagrins et des soucis qui me rongent et que je dévore en secret; la mort dans le cœur, le calme sur le front, voilà mon existence. »

A M. LEROY DE SAINT-ARNAUD, CONSEILLER D'ÉTAT.

« Varna, le 15 août 1854.

» Rien ne m'aura manqué, frère : le choléra, le feu; je n'attends plus que la tempête.... pour la braver aussi. C'est le choléra qui m'attriste le plus. Il peut, s'il continue, me clouer dans ce sépulcre de Varna. La flotte est envahie, des vaisseaux ont perdu le dixième de leur équipage. Vois-tu ce que serait le choléra se déclarant dans des troupes entassées! Qui ne reculerait devant une entreprise risquée dans de telles conditions ? Et le temps marche, et mes instructions, comme nos véritables intérêts, nous interdisent le Danube et nous montrent la Crimée. La santé, frère, je ne demande que cela pour mes soldats et pour moi. »

A MADAME DE FORCADE.

« Varna, 18 août 1854.

» Ma chère sœur, pendant que vous vous reposez doucement sous les tranquilles ombrages de Malromé, je me débats péniblement contre toutes les complications, toutes les calamités imaginables. Elles m'ont toutes frappé, sans m'abattre cependant. Le choléra, l'incendie, la peste, le feu et l'eau, j'ai tout supporté. Le cœur dévoré de douleur, j'ai présenté à tous et toujours un visage calme et riant. J'ai vu mes amis, mes compagnons d'armes, mes soldats, qui sont mes enfants, moissonnés comme par la foudre, et je suis resté debout sur cet ossuaire. On dirait que, dans mon corps brisé par les souffrances, usé par le travail et la pensée, les forces augmentent en raison de leur décroissance chez tous ceux qui m'entourent.

» Espinasse, Cugnac, Boyer rentrent en France. Puységur et Clermont-Tonnerre ont été malades. Delattre est à Thérapia, chez la maréchale, qui a fait de son habitation une maladrerie charitable où le prince Napoléon se rétablit de la fièvre. Quelle épreuve au bout de ma vie ! J'en sortirai, ma sœur, parce que j'ai foi et que j'ai un cœur qui ne faillit devant rien. Si je succombe, je serai tombé avec honneur; c'est le seul sentiment d'orgueil que je me permette.

» Quand vous recevrez cette lettre, je serai embarqué ou bien près de l'être. Priez pour les combattants de la Crimée. Quel siècle ! quelle année ! Le monde est agité comme une mer en courroux sous un ciel noir. D'ici à la fin de l'année, nous verrons bien des choses. Moi, je voudrais un grand coup, une belle victoire, et ensuite un repos complet, absolu. Ah ! Montalais, ah ! Malromé, quand m'envelopperai-je tout entier de votre quiétude si douce, loin des affaires, des soucis et des hommes... Si jamais je me retrouve au milieu de ma famille réunie, bien fin qui pourra m'en séparer ! »

A M. LEROY DE SAINT-ARNAUD, CONSEILLER D'ÉTAT.

« Varna, le 23 août 1854.

» Cher frère, je ne t'écrirai pas longuement, le temps me manque. Mais le peu que je te dirai aura son poids et son prix. Quand tu liras cette lettre, je serai en mer depuis le 2 septembre. La plus redoutable flotte que depuis longtemps on ait vue, si l'on en a vu de pareille, voguera vers la Crimée pour y vomir en vingt-quatre heures, à la barbe des Russes, soixante mille hommes et cent trente pièces de canon.

» Nous dépassons Agamemnon, et notre siége ne durera pas aussi longtemps que celui de Troie. Il y a dans l'armée plus d'un Achille, pas mal d'Ajax et plus encore de Patrocles. Tout ira bien, mes ordres sont donnés, et, Dieu aidant, la France aura, en octobre, à enregistrer un des plus beaux, un des plus hardits faits d'armes de son histoire militaire. Je n'embouche pas la trompette, je ne sonne pas le tocsin, mais ce sera beau, très-beau. Nous ne demandons qu'une mer hospitalière pour quinze jours.

» L'état sanitaire de l'armée et de la flotte va s'améliorant de jour en jour. La vigueur et le moral reviennent à nos soldats, que j'ai vus homme par homme, dimanche dernier, pendant six heures. Enfin, j'ai confiance entière, toute indécision a cessé, tout le monde est content.

» Je t'ai exposé le pour et le contre à l'endroit de Sébastopol. Aujourd'hui, je ne vois plus que le *pour*. Je perdrai moins de monde pour prendre Sébastopol que je n'en ai perdu par le choléra et les fièvres. C'est une grande responsabilité, il faut savoir la porter, même se mettre au-dessus d'elle ; c'est ce que je fais. Si je réussis, je serai un grand homme ; si je ne réussis pas, je serai ce que l'on voudra, mais cela sera débattu : c'est toujours une consolation. Quant à moi, j'ai la conscience intime que je fais ce que je dois. Peu importe le reste !

» Ah ! frère, comme je me reposerai après cela ! J'a passé ma nuit à faire dix siéges de Sébastopol et des proclamations à mes soldats ! »

A M. LEROY DE SAINT-ARNAUD, CONSEILLER D'ÉTAT.

« A bord de la *Ville-de-Paris*, dix lieues du cap Tarkan, le 11 septembre 1854.

» Si j'avais pu t'écrire avant-hier, frère, ç'aurait été pour te dire un triste adieu. Depuis le 6, je n'ai pas quitté le lit, et un lit de douleurs. J'avais remporté de Varna le germe d'une fièvre pernicieuse de la pire espèce : elle a éclaté ici.

» J'ai subi les trois accès critiques ; le quatrième a manqué. Il a bien fait ; je n'aurais pas pu le supporter. Je crois que je suis hors d'affaire. Mais quel assaut ! quelle lutte ! quelle faiblesse elle me laisse ! quel désordre dans le principe de la vie !

» Ajoutons à tout cela mes préoccupations, mes soucis... la pensée de laisser sans direction, sans chef, une armée à la veille d'un débarquement... et moi, mourir de la fièvre devant l'ennemi... Par la grâce divine, j'ai surmonté tout cela ; remercions Dieu, frère. Je rassemble mes forces pour t'écrire à main posée. N'attends donc pas de longs détails, je te dirai seulement les faits principaux ; quand tu liras cette lettre, tous ces faits seront accomplis et déjà vieux. Ce matin, la commission que j'avais envoyée pour reconnaître la position des Russes et un point de débarquement est revenue. »

A MADAME LA MARÉCHALE DE SAINT-ARNAUD.

« Old-Fort (Crimée), le 17 septembre 1854.

« Ma femme bien-aimée, les Anglais ne sont pas prêts et me font perdre un temps précieux. Je leur ai prêté des chalands, ce matin, pour hâter le débarquement de leurs chevaux, et j'espère pouvoir démarer enfin demain à onze heures du matin.

» J'irai coucher sur le Bulgonak, pour être tout frais le 19 et forcer le passage dans la journée. Si je le puis, je pousserai les Russes jusque de l'autre côté de la Katcha. Je te promets que je ne leur laisserai pas le temps de s'amuser. Le temps est beau et nous sommes favorisés. Que Dieu nous protége encore quelques jours et tout ira bien. J'ai entendu, ce matin, la messe sous ma grande tente, et j'ai prié pour toi. J'ai eu quatre abbés à déjeûner.

» Plus le temps marche, ma bien-aimée, et plus il me rapproche de toi. C'est ce qui double mon courage. Je ne pense qu'au moment où nous serons chez nous bien tranquilles. Au printemps nous irons voyager en Italie et nous reviendrons par la Suisse et l'Allèmagne. Nous voyagerons simplement avec deux domestiques et en bons bourgeois. Ne faisons pas trop de châteaux en Espagne, cela porte malheur. »

A LA MÊME.

« Crimée, le 18 septembre 1854.

» Je viens d'écrire à lord Raglan que je ne pouvais pas attendre plus longtemps, et que je lançais mon ordre de départ pour demain matin à sept heures, et rien ne m'arrêtera plus.

» J'ai reçu hier soir ta petite lettre du 14, et ce matin ton paquet de lettres du 2 au 11. Pauvre amie, que d'inquiétudes, de soucis et de larmes ! et tu avais raison, car j'étais bien malade. Enfin, tout est passé, je suis en Crimée, j'ai les renseignements les meilleurs. J'ai passé une nuit agitée et pleine de sueurs. Je suis fatigué, mais je puis aller. Demain cela ira tout seul, le canon parlera. Avant quatre jours, je serai sous Sébastopol, après avoir bien battu les Russes. »

A LA MÊME.

« Champ de bataille d'Alma, le 21 septembre 1854.

» Victoire ! victoire ! ma Louise bien-aimée ; hier 20 septembre, j'ai battu complètement les Russes, j'ai enlevé des positions formidables défendues par plus de quarante mille hommes qui se sont bien battus ; mais rien ne peut résister à l'élan français, et à l'ordre, à la solidité des Anglais. A onze heures, j'ai attaqué ; à quatre heures et demie, les Russes étaient en pleine déroute, et si j'avais eu de la cavalerie, je leur prenais plus de dix mille hommes. Malheureusement, je n'en ai pas. »

C'est le 21 septembre que le maréchal Saint-Arnaud écrivait cette lettre ; le 26, il résignait son commandement ; le 29, il avait cessé de vivre.

VI.

Mort du général Ney, duc d'Elchingen.

Le vénérable missionnaire qui assista le général à ses derniers moments, a écrit à Madame la duchesse d'Elchingen la lettre suivante :

« Gallipoli, 27 juillet 1854.

» Madame la duchesse,

» Le terrible fléau qui depuis trois semaines ravage l'armée, semble enfin se calmer; permettez que je profite des premiers instants de repos, après de longues nuits et des jours entiers passés au chevet de nos malades, pour déposer dans votre cœur les consolations les plus douces qui puissent vous être offertes. Celui que vous pleurez mérite tous nos regrets ; je n'ai eu le bonheur de le connaître que pendant quelques jours ; et personne, j'ose le dire, n'a plus apprécié que moi, après vous, les grandes et aimables qualités dont Dieu l'avait doué.

» J'avais eu l'avantage d'être présenté à M. le duc d'Elchingen peu de jours après son arrivée : et, dès cette première entrevue, il s'était établi entre lui et moi une de ces sympathies que la Providence fait naître comme un de ces moyens mystérieux dont elle se sert pour assurer le salut de ses élus. Dans les fréquents entretiens que j'eus avec lui, il me parlait toujours de sa femme, qui, me disait-il, pendant son séjour au Mans, consacrait ses heures de loisir à visiter les soldats malades à l'hôpital et à attacher des médailles à leur cou ; de sa petite fille qui venait de renouveler sa première communion, et qui avait bien dû prier pour lui. Il regrettait vivement que le service des hôpitaux militaires ne fût pas confié à des Religieuses. Un jour je le vis s'attendrir jusqu'aux larmes au récit que je lui faisais des derniers moments d'un jeune soldat.

» Vers le 6 juillet je reçus de M. le Maréchal l'ordre de partir pour Constantinople ; j'allai présenter cet ordre au général d'Elchingen : « Non, me dit-il après avoir » lu, vous ne partirez pas ; nous ne pouvons rester ici » sans prêtre ; nous pouvons avoir besoin de vous, *et* » *moi tout le premier.* »

» Quelques jours après on venait m'appeler en toute hâte ; j'ignorais que le général avait été frappé du fléau qui décimait l'armée. Au moment où j'entrai dans sa chambre, il me tendit la main et dit à plusieurs officiers qui étaient là : « Je veux que vous sachiez, Messieurs, que c'est moi qui ai fait demander M. l'Aumônier. » Aussitôt on nous laissa seuls. Je n'eus pas de peine à amener le malade à se confesser ; pendant l'accomplissement de cet acte important, il jouissait du plein usage de ses facultés ; son langage était empreint d'un accent de foi et de résignation qui me frappait. Quand le moment solennel de l'absolution fut arrivé, il voulut se mettre sur son séant, et, pendant que je prononçais sur sa tête inclinée les paroles du pardon, il récitait d'une voix ferme un acte de contrition. Je ne veux point, Madame, omettre la circonstance la plus importante de toutes : je ne suis que narrateur fidèle ; je rapporterat les paroles mêmes de votre mari, ne me permettant pas d'y changer un mot.

» Après l'absolution, je lui adressai quelques paroles de confiance que son état semblait légitimer, car je ne le trouvais pas très-mal dans ce moment. « Non, me dit-il, » je suis un homme perdu. » Puis, prenant en main un reliquaire de la vraie croix qu'il portait sur sa poitrine et le pressant entre ses deux mains jointes, il adressa à Dieu cette prière ; « Seigneur, je vous fais le sacrifice de ma » vie, le sacrifice le plus pénible que votre volonté puisse » m'imposer en ce moment ; je vous l'offre pour le bon» heur de ma femme que j'ai toujours tant aimée, de ma « petite fille de treize ans qui est un ange... » Puis il s'arrêta un instant et ajouta : « Et mon fils, ô mon Dieu, » vous le bénirez aussi. »

» Vers quatre heures de ce même jour, je revins voir le malade ; je le trouvai profondément endormi. A six heures j'étais encore auprès de son lit ; les symptômes me paraissaient beaucoup plus alarmants. Je ne voulais point le priver de la consolation de recevoir l'extrême-onction ; en conséquence, j'essayai de le sortir de son assoupissement. Aux accents de ma voix il se réveille, et quelques instants après je lui donne le sacrement des mourants.

» Dieu voulait que toutes les consolations de la religion lui fussent réservées. Après une journée de courses et de fatigues, je ne pus me résoudre à rentrer chez moi sans avoir des nouvelles d'une santé à laquelle je m'intéressais tant.

» Au moment où j'entrais dans la chambre du malade, l'agonie commençait. Je me mis aussitôt à genoux et récitai à haute voix les prières des agonisants ; toutes les personnes qui étaient là présentes priaient et pleuraient avec moi.

» J'aurais voulu, Madame, vous offrir un récit plus intéressant ; l'état de fatigue où je me trouve ne m'a permis que de le faire fidèle : ces quelques lignes, j'en suis sûr, adouciront votre peine, et c'est ce qui me fait hâter de vous les offrir.

» Daignez agréer, etc.

» L. GLORIOT,

» Aumônier de l'armée. »

« Le duc d'Elchingen aimait à se souvenir souvent des saintes pratiques et des hauts enseignements de la religion qui avait fait le bonheur de son enfance : son ame vraiment chrétienne se trahissait dans les plus petites circonstances. Ainsi, quand le vendredi ou le samedi on plaçait devant lui, à table, un plat de viande, nourriture que semblait réclamer souvent sa santé délabrée, que de fois ne l'a-t-on pas vu rappeler avec un gracieux sourire, à sa chère petite fille, le commandement de l'Eglise : *Vendredi chair ne mangeras, ni le samedi mêmement*, et se mettre aussitôt lui-même au régime commun !

» Durant les longs froids de l'hiver, nous en avons été témoins pendant que son régiment, le 7e dragons, tenait la garnison du Mans. Si la salle de police ou la prison du quartier retenaient parfois de malheureux patients en trop grand nombre, le colonel, pourtant rigoureux observateur de la discipline, se sentait ému de compassion. Il allait faire ouvrir les portes; mais pour cela il attendait d'ordinaire le retour de l'une des grandes solennités de l'Eglise, et ce jour-là il avait la délicate prévenance de se transporter lui-même au quartier, accompagné de la duchesse sa femme, l'amie des soldats, et il disait aux coupables, en les graciant : « C'est Madame qui vous accorde » cette faveur en mémoire de la fête que l'Eglise célèbre » aujourd'hui. »

» Dernièrement, quand le général d'Elchingen attendait à Marseille l'embarquement de sa division, Madame la Duchesse faisait faire une neuvaine de prières pour demander à la très-sainte Vierge qu'elle veillât sur des jours si précieux durant une traversée qui ne manquait pas de périls. Pour s'unir à ses prières, le duc ne laissa jamais passer aucun jour sans monter à pied à la chapelle de Notre-Dame de la Garde, où il assistait pieusement à la sainte messe. »

VII.

Noblesse et héroïsme.

On lit dans *la Gazette de Lyon* :

« Notre compatriote, M. Des Garets d'Ars, qui vient de mourir à Sébastopol, était sorti de Saint-Cyr au mois de septembre dernier.

» Le rang que lui avaient valu ses examens lui donnant le droit de choisir son corps, il demanda à entrer dans les chasseurs à pied, et fut envoyé au 5e bataillon. Il avait fait partie de l'expédition de Kertch, et à peine débarqué, au retour, prenait part à l'affaire du 18. Il s'était élancé avec ses camarades jusque dans le fossé de la tour Malakoff, où il fut frappé d'une balle à la mâchoire. A l'ambulance, cette blessure, qui ne paraissait pas avoir de gravité, se compliqua d'un autre mal qui lui ôta la vie le 24 juin. Plus favorisé que tant d'autres, il a pu avoir à son lit de mort les consolations d'un parent, un de ses cousins portant le même nom, officier d'infanterie, et qui avait été assez heureux pour avoir la tête seulement effleurée par une balle...

» Le capitaine de la compagnie, M. de Montessuy, a voulu écrire lui-même les détails des derniers jours du jeune officier à la mère qui le pleure. Cependant il regrettait de ne pouvoir écrire aussi longuement qu'il l'eût désiré. « Excusez, disait-il avec une simplicité su-
» blime, la brièveté de cette lettre. J'ai de la peine à
» écrire, ayant une jambe cassée, et ayant aussi une
» mère à rassurer. »

» Un ami du défunt, M. de Choulot, capitaine dans la légion étrangère, accourut pour le voir lorsqu'il apprit la gravité de son état ; mais il ne trouva qu'un corps sans vie qu'on allait rendre à la terre, et un officier qui fabriquait une croix de bois.... C'était le lieutenant de la compagnie qui préparait de ses propres mains la croix qui devait reposer sur la tombe de son sous-lieutenant. »

« Un autre jeune homme, élève du lycée de Lyon, M. Eugène Mottet, sorti de l'école de Saint-Cyr il y a six à sept mois à peine, et sous-lieutenant au 100e de ligne (25e léger), qui a succombé dans l'affaire du 18, était fort aimé de ses soldats. Pendant la bataille, quand il voyait mettre le feu aux pièces de l'ennemi, il commandait à ses soldats de se jeter à terre, lui restait debout au milieu des volées de la mitraille. Quand le coup mortel l'a frappé, il avait déjà reçu deux blessures. »

VIII.

Le lieutenant de vaisseau Louis Boch.

« M. Louis Boch, lieutenant de vaisseau, avait à peine 29 ans. Il était né à Meursault, département de la Côte-d'Or, au sein d'une famille riche, mais de mœurs simples, de laquelle il avait reçu une de ces fortes éducations chrétiennes qui deviennent de plus en plus rares parmi nous. Le petit séminaire d'Autun avait achevé l'œuvre commencée au sein de sa famille. Louis Boch y était arrivé à treize ans, il y resta jusqu'à seize. C'était alors un aimable enfant, d'une naïveté et d'une innocence charmantes, un cœur d'or, une intelligence de premier ordre ; parlant peu, observant plus qu'on ne le fait à son âge, déjà maître de lui ; possédant enfin le germe des qualités qui devaient se développer plus tard et en faire un si remarquable marin.

» A seize ans, il quitta le petit séminaire, et après avoir passé quelques années dans les écoles de marine, il monta sur un vaisseau, et il commença à courir le monde.

» Son apprentissage fut rude. Il fit plusieurs fois le tour du globe sur ce malheureux vaisseau l'*Alcmène*, qui, après avoir parcouru toutes les Echelles du Levant, visité toutes les îles de la Polynésie, découvert des pays inconnus, essuyé mille tempêtes, fut un jour englouti au milieu d'un des plus épouvantables orages qui puissent assaillir un bâtiment. La moitié de l'équipage périt en mer, le reste aborda nu sur une plage barbare, et mourut en partie de froid, de faim, de fatigue. Plusieurs mêmes des amis, des compagnons de Louis furent tués, brûlés à petit feu et mangés par les sauvages.

» A peine échappé à ces épouvantables dangers, Louis Boch monta sur le *Henri IV*, qui devait, peu après, s'abîmer lui-même au commencement de la guerre d'Orient, au milieu des tempêtes de la mer Noire.

» Ces évènements terribles mûrirent le jeune marin et firent éclater ses grandes qualités, surtout ce rare sang-froid, ce coup d'œil prompt et profond, et cette calme intrépidité qui faisaient dire à ses amis qu'il y avait en lui l'étoffe d'un amiral. Nommé lieutenant de vaisseau, décoré de la Légion-d'Honneur, chargé de plusieurs missions difficiles, Louis Boch, à peine âgé de vingt-neuf ans, voyait en effet s'ouvrir devant lui un magnifique avenir.

» Il était en congé à Meursault lorsque le signal de la guerre d'Orient vint l'arracher à sa famille.

» Il partit plein de joie : « Je me réjouis de me battre, écrivait-il à sa mère ; n'aie pas peur, j'ai mis ma conscience en ordre. »

» Placé aux postes d'attaque, il fut signalé dès le début de la guerre et nommé chevalier de la Légion-d'Honneur. A vingt-neuf ans, au début d'une guerre, une pareille distinction, donnée sur un champ de bataille, est de nature à exalter un jeune homme. La lettre de Louis Boch a un autre caractère : « Je suis content, écrit-il à son père, non pour moi, mais pour vous. Je me réjouis enfin d'être digne de vous. » Il ajoute : « Je veux que les pauvres se réjouissent de mon bonheur. Je vous envoie cent francs pour eux. Tant que je serai marin, je veux que les deux cent cinquante francs de ma croix leur soient toujours distribués : j'en charge ma bonne mère. »

Louis Boch avait caché ce fait à ses amis ; ils l'apprirent par des lettres de France ; quand ils lui en parlèrent, il rougit et s'éloigna.

» Ce fut quelques jours après que Louis Boch fut frappé dans la batterie 26 qu'il commandait. Après avoir pointé une pièce de canon, il regardait avec sa lunette si le coup avait porté, lorsqu'un éclat d'obus lui brisa le télescope dans la main, et le blessa au bras et à la cuisse. « Adieu, mes enfants, » cria-t-il à ses matelots, et il s'affaissa.

» Transporté à l'ambulance, il subit avec une rare énergie l'amputation du bras et de la cuisse, et s'éteignit après six heures de douleurs héroïquement supportées. Tel était alors le feu du bombardement et le nombre des blessés qu'aucun prêtre ne put arriver à temps pour administrer l'héroïque jeune homme. Il mourut toutefois en chrétien : pouvait-il mourir autrement ? »

(*Messager de la Charité.*)

IX.

Le capitaine de Crécy.

Vraiment il y a dans notre armée des hommes de fer et des ames de héros. Ils parlent, ils agissent et ils prient en pieux et intrépides chevaliers ; de ce nombre était le capitaine de Crécy.

Voici ce que nous trouvons au sujet de cet héroïque soldat dans une lettre de M. Duboy, capitaine au 1er bataillon du 3e de zouaves :

« Dans la nuit du 22 au 23, les Russes, au nombre d'environ 10,000 hommes, ont dirigé une violente attaque contre nos travaux de la tour Malakoff. Le 2e bataillon du régiment y était de garde en ce moment. L'action a été des plus chaudes. Le brave Crécy, après avoir combattu avec un sang-froid et un courage qui ont fait l'admiration de tous, a reçu plusieurs blessures, notamment une au bras et à la cuisse. Il n'a malheureusement pas pu être enlevé du champ de bataille et a été fait prisonnier par les Russes. Conduit chez un officier, il a été traité avec tous les égards dus à son courage et à son malheur. Il a dû subir l'amputation du bras. Dieu et des soins intelligents feront le reste. »

Pendant que l'on ramassait les morts et les blessés, un officier russe a raconté les détails suivants à un capitaine français :

« L'officier dont vous parlez est à l'hôpital de Sébastopol, soigné par deux religieuses russes. On l'a amputé d'un bras ; il a une blessure à la tête et une autre à la cuisse. Il a pu faire écrire à sa famille, qu'il paraît aimer tendrement, pour la rassurer ; c'est un brave.... Longtemps nous l'avons vu lutter corps à corps, et nous n'avons pu l'amener que lorsque, blessé, il est tombé épuisé ; les forces manquaient à son courage. Il a en moi un ami pour toujours. Je me fais un devoir de veiller aux soins qu'on lui donne et à tout ce qui le concerne. »

Or, voici comment écrit cet homme criblé de blessures :

« Mon cher ami,

» J'ai une assez triste nouvelle à t'apprendre, et je ne puis le faire moi-même, ayant été amputé du bras droit avant-hier ; je charge un de mes camarades, à l'hôpital de Sébastopol avec moi, de t'écrire. J'ai été *un peu* éprouvé dans l'affaire du 24 courant ; car à peine avais-je reçu la balle qui me brisait le haut du bras droit que j'en recevais une autre qui me brisait la cuisse droite. Les médecins ne doutent pas de la conservation de ma jambe ; mais, pour le bras, il n'a pas fallu y penser. Ce qui me fait le plus souffrir, ce sont quelques coups de crosse que j'ai reçus en pleine poitrine.

» J'ai un coup de sabre sur le front, mais qui ne sera

rien du tout. Je n'ai été transporté à l'hôpital de Sébastopol que le lendemain matin ; malgré mes très-graves blessures, j'ai un très-grand espoir de rétablissement, et si je pouvais être guéri avant la fin de la guerre, j'irais à Saint-Pétersbourg, où, sur ma demande, ma femme pourrait venir me rejoindre.

» Mon cher Ernest, je compte sur vous pour préparer ma femme à cet évènement si grave ; mais dites-lui bien que j'espère conserver ma vie et rentrer un jour en France. Envoyez, quand vous aurez pris vos mesures, pour annoncer cela à ma femme : vous comprenez combien je dois être restreint dans mes lettres, me sentant extrêmement fatigué et obligé de me servir d'un camarade pour vous écrire. »

(La signature est de la main gauche du pauvre amputé.)

Les espérances du brave capitaine de Crécy ont été déçues ; il est mort..., et voici comment une religieuse russe raconte ses derniers moments :

« Nous avons eu ici parmi les officiers français un officier, le capitaine de Crécy. Il avait d'affreuses blessures ; ses jambes étaient fracassées, et on lui a fait l'amputation du bras; de plus, il avait un coup de baïonnette dans la poitrine, sa tête était pourfendue de coups de sabre ; de plus, il était abîmé de coups de crosse. Il a vécu six jours, et il y a eu de quoi être étonné de la force avec laquelle il a lutté contre la mort. Il était d'une complexion extrêmement forte et saine. Il a été mis dans une chambre à part et confié aux soins de la mère Séraphine. Toutes les prescriptions des médecins furent exécutées, et lorsque ceux-ci eurent déclaré qu'il ne lui restait plus que peu de temps à vivre, que fit-on ?

» Un dernier matin, je suis venu le voir. Il étendit sa main vers moi et me demanda des nouvelles ; une heure avant sa mort, il me demanda des nouvelles de ma santé et fit la remarque que j'étais pâle. C'est à peine si j'eus la force de répondre, et je m'éloignai. On l'a enterré aujourd'hui. Notre prêtre russe a dit la prière des morts ; on l'a mis dans un cercueil noir, et deux de nos sœurs, ainsi que la mère Séraphine, l'ont accompagné au cimetière.

» A la vue de ce cercueil dénué de parents et d'amis, notre ame était fendue d'un sentiment douloureux, et alors je me suis souvenue de la lettre qu'il avait dictée à un officier français pour sa femme, sa mère et sa sœur. Des larmes involontaires coulèrent de nos yeux. Je restai jusqu'à ce que la fosse fût remplie. J'ai envoyé sa croix de la Légion-d'Honneur et quelques breloques qu'il avait conservées. »

Le capitaine de Crécy avait autant de foi qu'il avait de courage. Au moment de son départ, il écrivait ces lignes à sa femme :

« Nous ne sommes pas encore embarqués, et je veux causer avec toi ce soir. Je te le répète, je vais au combat avec confiance ; j'y ferai mon devoir, confiant dans vos prières ; si j'y succombé, ce sera du moins avec l'espoir de nous retrouver un jour. Dieu nous a tellement protégés jusqu'à présent, qu'il permettra que nous nous revoyions dans ce monde... J'en ai bon espoir ; mais n'en disons pas moins : Que sa volonté soit faite et son nom béni !

» Après la bataille d'Inkermann, mon pauvre ami n'a pas été aussi heureux que moi. Je n'ose prononcer son nom. Ce pauvre de la Barre a été tué au champ d'honneur à la tête de sa compagnie. Son cadavre a été un instant au pouvoir des Russes ; mais nos braves zouaves ont redoublé d'énergie et ont pu reprendre leur capitaine. Quand j'ai appris cette mort, j'ai cru que le cœur allait me manquer, que je ne pourrais plus me battre... ; mais bientôt, rappelant mon courage, je ne pensai plus qu'à venger mon ami. L'ordre venait d'être donné de charger à la baïonnette. J'enfonçai mes éperons dans les flancs de mon cheval, et, m'élançant à la tête des zouaves, je criai : A la baïonnette ! Dieu m'a protégé, et mon pauvre camarade a été vengé. Je l'ai fait transporter à l'ambulance, et j'ai recueilli tous les souvenirs précieux pour sa pauvre femme : ses cheveux, sa croix, la petite médaille qu'il portait à son cou.

» Remercions Dieu ensemble de m'avoir protégé, d'avoir permis, dans sa bonté infinie, qu'un pareil chagrin fût évité à ma pauvre femme. Je ne crains pas de mourir, et c'est une mort glorieuse que celle d'un champ de bataille ; mais, hélas ! pour ma pauvre femme quelle douleur ce serait ! » (*Messager de la Charité.*)

X.

Mort du baron de Saint-Priest.

M. Louis Veuillot consacre, dans l'*Univers*, la notice suivante au baron de Saint-Priest, une des héroïques victimes de l'armée de Crimée.

« Parmi tant de pertes qu'il faut enregistrer tous les iours, il en est une que les journaux ont à peine remarquée et qui a été cruellement ressentie de ceux qui ont pu la mesurer. Nous voulons parler de la mort du capitaine Saint-Priest, l'un des héros de la meurtrière affaire des 23 et 24 mai. Obscur encore, il paraissait fait pour une grande destinée ; il avait mérité les plus tendres affections ; il justifiait les plus nobles espérances ; on ne pouvait le connaître sans l'aimer et sans attendre quelque chose de lui. Plein d'honneur, plein de courage, plein d'intelligence et de piété, il est tombé inconnu, au seuil d'un avenir plein de gloire.

» Le baron Jean-Augustin de Saint-Priest était le dernier rejeton d'une très-ancienne famille du Forez, dont le premier titre est la charge de fondateur de l'abbaye de Valbenoite, au douzième siècle, et qui se perpétuant en quelque sorte par le sacrifice et vivant entre la croix et l'épée, n'a cessé de donner des sujets à l'Eglise, aux ordres militaires et à l'armée. Ce noble sang se refusa à la révolution. Le baron de Saint-Priest, père de celui qui vient de mourir, émigra à quatorze ans et fit vaillamment toutes les campagnes de l'armée de Condé.

» Plus tard, il entra dans la marine italienne, où ses services et son caractère lui valurent l'amitié du prince Eugène. Sous la restauration, il entra dans la marine française et s'y fit estimer, comme partout. La révolution de 1830 le trouva capitaine de vaisseau. Sans autre fortune que son emploi, il déposa ses épaulettes, se condamnant noblement à la pauvreté pour garder ses serments. C'était un vrai chrétien, un vrai gentilhomme et un vrai militaire ; il mourut léguant à son fils le souvenir d'une vie qui ne fut qu'un long exemple de piété, d'honneur et de dévoûment.

» Augustin de Saint-Priest, après avoir fait ses études à Fribourg, chez les Jésuites, entra avec distinction à l'école de Saint-Cyr.

» Il était capitaine au 28e de ligne et marié depuis peu de temps lorsque son régiment fut envoyé en Crimée. Les rudes épreuves de la campagne commencèrent bientôt pour lui.

» Sa conduite en Crimée, durant ce terrible hiver qui moissonna tant de victimes, fut celle des meilleurs ; nous dirions celle de tout le monde, s'il n'avait mérité d'être placé à la tête d'une de ces compagnies de francs-tireurs qu'il suffit de nommer pour donner la plus haute idée de l'ardeur militaire. A l'attaque de la nuit du 12 avril contre les embuscades russes, il se trouva un moment engagé avec trente-huit hommes au milieu de plusieurs centaines d'ennemis.

» Toute l'armée admira sa bravoure chevaleresque. Dans cette affaire, son lieutenant fut tué à côté de lui, et son sous-lieutenant, M. Morguet, le croyant prisonnier, avait deux fois, avec six grenadiers, percé la masse des Russes pour le délivrer. Un mois après, il reçut la blessure, d'abord jugée peu grave, qui devait mettre fin à une carrière si bien commencée. Il put lui-même écrire à sa mère un récit de cette dernière action, récit incomplet, car il parle à peine de lui, tandis que le rapport de son chef de bataillon le désignait en premier parmi ceux qui avaient le mieux fait,

» La croix d'officier de la Légion-d'Honneur fut le prix de sa belle conduite. Elle lui fut apportée, hélas ! sur son lit de mort. Courageux et calme jusqu'au bord du tombeau, il employa ses derniers jours à purifier son ame ; plein de douceur pour ceux qui l'avaient aimé et pour ceux dont il pouvait se plaindre, il demanda les sacrements, les reçut et rendit en paix le dernier soupir, sans daigner accorder un regret à la vie. Il avait trente-trois ans. Le dernier souvenir que reçut de lui sa mère infortunée fut le scapulaire qu'elle lui avait donné, avant son départ, avec sa bénédiction.

» Le baron de Saint-Priest avait retrouvé en Orient un compagnon d'études de Fribourg, le R. P. Gloriot, qui, dans une carrière bien différente, combattit comme lui et mourut comme lui, pour la France et pour la croix. Nobles combats, heureuse mort ! »

XI.

Je suis en état de grâce.

On lisait dans le *Moniteur :*

« La mort vient d'enlever, à la tranchée, devant Sébastopol, le marquis de Villeneuve-Trans, qui, entraîné par un élan irrésistible, renonçant à la carrière diplomatique où il promettait de se distinguer, et s'arrachant à la tendresse d'une mère désolée, allait, à 29 ans, réclamer comme simple soldat sa part de gloire et de dangers au milieu de notre brave armée d'Orient. Nommé caporal au 3e régiment de zouaves, et bientôt sous-officier, il n'ambitionnait d'autre position que celle où il pourrait déployer ce zèle, ce courage, ce dévoûment dont il était animé. Il fut, sur ses instances, nommé adjudant de tranchée, et au bout de huit jours de ces pénibles et dangereuses fonctions, où il se fit remarquer par le calme de son courage et la noblesse de son attitude, un éclat d'obus lui enleva, dans la nuit du 22 au 23 juillet, la partie inférieure du visage. Emporté à l'ambulance où il soutint avec un courage héroïque l'opération la plus douloureuse, il eut encore assez d'énergie pour écrire, d'une main ferme, quelques heures avant de mourir, une lettre admirable, presque gaie, à sa mère, dans l'intention de la rassurer. Cette lettre se terminait par ces mots : *Je suis en état de grâce !* seule consolation qu'il pût offrir à cette pieuse et noble femme ; inspiration d'un cœur religieux comprenant que la résignation ne vient que de la religion. Il n'eut pas même le temps de lui apprendre que la croix d'honneur, qu'il avait si bien méritée, allait lui être donnée. Villeneuve est mort en héros et en chrétien. Sa bonne et aimable nature, son caractère franc, loyal et chevaleresque le faisaient aimer de tous ceux qui le connaissaient. Il emporte l'estime et les regrets de tous, et c'est un nom glorieux de plus à inscrire parmi tant de noms illustrés par la guerre de Crimée. »

XII.

Les chevaliers de Malte.

Un capitaine écrit à l'un de ses collègues :

« A Malte, j'ai vu célébrer la fête de Notre-Dame-du-Mont-Carmel. Marie a eu là la plus belle illumination que j'aie jamais vue. Dans les églises de cette île, j'ai vu les familles groupées priant à haute voix ; ç'a été pour moi un spectacle des plus touchants, que d'entendre le père de famille commencer, au Tout-Puissant, une prière qui était terminée par les accents réunis de la mère et des enfants de tous les âges et de tous les sexes. Je ne saurais vous dire tout ce que mon cœur a éprouvé de bonheur dans cette localité.

» J'ai visité plusieurs fois la fameuse église des chevaliers de Saint-Jean-de-Jérusalem, dont chaque dalle est un chef-d'œuvre de mosaïque, dalle sous laquelle reposent les cendres d'un chevalier. Que d'émotions profondes j'ai éprouvées à chaque pas dans cette église où me revenaient en mémoire les sacrifices de ces hommes de foi, appartenant aux plus anciennes familles, qu'ils abandonnaient pour se vouer au service des malades, des pauvres et des pèlerins venant de toutes les parties du monde visiter les lieux saints; de ces hommes qui, quelque temps après la fondation de leur ordre, ajoutèrent à leurs fonctions charitables le vœu de défendre de tout leur pouvoir le tombeau de Jésus-Christ contre l'invasion des infidèles. J'ai éprouvé le besoin d'accomplir, dans l'église de Saint-Jean, mes devoirs religieux; j'ai heureusement trouvé un prêtre comprenant le français.

» Oui, mon ami, moi aussi j'ai senti dans mon cœur régner pendant quelques instants, hélas! trop rapides, ces douceurs suaves qui sont l'apanage des bienheureux au sein de Dieu. »

XIII.

La mère du soldat.

Un colonel s'exprime ainsi :

« Soyez assez bon, mon pauvre ami, pour dire une messe d'actions de grâces à la chapelle de la Vierge de Fourvière pour sa protection miraculeuse, car pendant cinq heures je suis resté au milieu d'un feu incessant de mousqueterie, de bombes, boulets et obus envoyés par les vapeurs russes, sans être touché, sauf quelques contusions insignifiantes. Recommandez-moi à cette mère du soldat, pour qu'elle me continue sa divine protection. »

XIV.

Le champ de bataille de l'aumônier.

Un aumônier fait un touchant tableau des douleurs qu'il est appelé à soulager.

« Aujourd'hui, permettez-moi de vous parler de mon champ de bataille à moi, qui est en même temps mon champ de douleurs comme il est le lieu de souffrances et d'épreuves de ceux que la victoire a couronnés de ses lauriers.

» Ah ! sans doute, la guerre a son beau côté, et je

comprends facilement l'enthousiasme de celui qui s'enivre à longs traits de l'odeur de la poudre ; qui voit se déployer devant lui nos fiers et intrépides bataillons ; qui entend la voix guerrière du clairon faisant retentir dans les airs notre *garde à vous !* si terrible à nos ennemis; qui écoute le tambour battant la charge, le bronze vomissant la mitraille et la mort. Mais après, lorsque la dernière bouffée de poudre s'est évanouie dans les airs; que les bataillons sont rentrés dans leurs camps ; que les instruments guerriers sont muets ; que l'écho a répété la dernière note de la voix stridente du canon ; alors que le silence du tombeau, le silence de cette mort qui plane sur le champ de bataille de toute la largeur de son aile, n'est interrompu que par le râle des mourants, les mille cris des blessés ; alors qu'on ne voit que des chairs mutilées, des cadavres défigurés baignant dans leur sang : oh ! alors, à l'enivrement des sens succèdent les déchirements du cœur ; à l'enthousiasme, la pitié la plus profonde.

» Pour moi, je n'ai jamais rien éprouvé qui puisse être comparé à ce que j'ai ressenti dans ce jour à jamais mémorable.

» Je crois vous avoir dit que, pris d'une attaque de choléra la veille de l'assaut, j'étais condamné à entrer à l'ambulance et à partir immédiatement pour Constantinople ; que, sur mes instances, on avait attendu le lendemain, et que, le 8 au matin, j'avais eu le bonheur, malgré mes souffrances, de dire la sainte messe à quelques officiers qui avaient voulu recevoir, pour ainsi dire le viatique avant de monter à l'assaut du bastion central. Je crois même vous avoir dit la manière édifiante dont quelques-uns s'y étaient préparés.

» L'émotion que j'avais éprouvée, et plus encore l'assistance de Marie, que j'avais invoquée avec confiance dans le désir d'être utile à nos soldats, avait mis quelque mieux dans mon état ; mais le soir, lorsque je vis mon ambulance, que j'entendis les cris de nos pauvres blessés, je ne sentis plus rien, et je violai la consigne qui m'avait été donnée de ne rester à l'ambulance qu'une heure pour administrer les plus pressés.

» Grand Dieu ! quel déchirant spectacle que celui d'une ambulance dans ces terribles moments !... Les malades vous arrivent par centaines en litière, en cacolet. Quelques-uns sont morts avant d'arriver jusqu'à vous ; d'autres rendent le dernier soupir dans les mains de ceux qui les reçoivent.

» Entrez-vous dans une salle, c'est le cri de la douleur qui se fait entendre de tous côtés sous mille formes. Celui-ci pousse des hurlements affreux ; celui-là appelle avec des cris désespérés le docteur occupé près d'un autre malheureux ; cet autre, c'est l'infirmier qu'il réclame pour qu'il apaise la soif qui le brûle. Partout on n'entend que cris, que plaintes, que soupirs. Oh ! comme le cœur souffre, comme il est déchiré surtout lorsqu'on rencontre dans les rangs de la douleur, défiguré par d'horribles blessures, un ami dans la confidence, dans l'intimité duquel on vivait !

» Mais, au milieu de tant de pénibles émotions, le cœur du prêtre trouve bien aussi quelques consolations. Je ne parle pas seulement de celles qu'il éprouve toutes les fois qu'il a le bonheur de réconcilier une ame avec Dieu, de celles qu'il peut éprouver alors que recevant le dernier soupir du soldat mourant pour son pays, il pense que, par l'absolution, c'est l'immortelle couronne du martyre du devoir, frère du martyre de la foi, qu'il pose sur son front.

» J'entre dans une salle au moment où la nuit commençait à l'envelopper. J'entends dans l'ombre un malheureux blessé qui se désespère; il appelle le docteur de son dernier reste de force.

» — Patience, mon ami, lui dis-je en lui prenant la main; le docteur ne peut panser tout le monde à la fois, bientôt ce sera votre tour.

» — Ah! c'est donc vous, mon aumônier! je le connais à vos bonnes paroles. Oh! dites-m'en donc quelques-unes; elles me rappelleront ma pieuse mère, ma première communion; et puis, voyez-vous, j'ai encore plus besoin de votre ministère que de celui du docteur; j'ai oublié Dieu, il m'a oublié à son tour.

» Et après quelques instants d'entretien avec ce pauvre enfant, après avoir purifié son ame, je le laissai: il ne songeait plus à son mal; il n'appelait plus le docteur.

» Cet autre s'agite sur sa misérable couche; il appelle sa mère, il veut revoir son pays. Je lui montre le ciel, sa véritable patrie, un autre père, une autre mère qui veille à son chevet, et qui le rendront à l'amour maternel, à la France, et il m'embrasse avec bonheur, me remercie avec effusion, et je le quitte dans le calme le plus parfait.

» — Maintenant que j'ai vu le médecin de l'ame, disait celui-ci, le médecin du corps viendra quand il voudra, je ne m'en inquiète plus.

» Un peu plus loin, je m'approche d'un blessé qui paraissait souffrir cruellement, mais ne disait mot.

» — Qu'avez-vous ? Vous me paraissez bien souffrant.

» — Je crois, M. le Curé, que j'ai les deux jambes cassées, et, par surcroît, j'ai une blessure au bras.

» — Pauvre enfant ! Comment, avec tant de mal, vous ne vous plaignez pas ?

» — Ah ! M. le Curé, comment me plaindrais-je, moi qui suis un misérable pécheur qui ai oublié Dieu presque jusqu'à ce jour, tandis que lui, qui était innocent, a bien plus souffert pour nous ! Je n'ai que ce que je mérite.

» Et ce capitaine à la barbe grise, qui, me voyant approcher de son lit, me tend la main, et me dit :

» — Merci, M. l'Abbé, de votre bonne visite : votre vue me fait du bien. Je désirerais bien vous entretenir quelques instants d'une manière intime ; mais d'autres qui n'ont pas, comme vous et moi, *une foi divine* qui apaise les souffrances et nous les fait aimer, ont plus besoin que moi de vos consolantes paroles. Demain nous causerons plus librement.

L'aumônier cite les noms d'un certain nombre d'officiers que nous avons vus ici pleins de force et d'avenir, et dont la mort a fait sa proie. « Le lieutenant L., » dit-il, est mort dans mes mains en murmurant de ses » lèvres à demi-fermées une prière qu'il est allé continuer dans le ciel. Le lieutenant P. était mort quelques minutes après que j'eusse quitté son lit. Ce pauvre jeune homme me voulait toujours auprès de lui; » il me faisait prier, m'embrassait, me faisait prier encore. Il en agissait de même, et avec plus d'abandon, » à l'égard d'un de ses camarades qui venait plusieurs » fois par jour réciter des prières auprès de son lit. »

» Un capitaine avait subi l'amputation d'un bras; l'opération avait parfaitement réussi, et, le jour de son départ pour Constantinople, il vint, comme l'avait fait Sobieski, servir la messe de l'aumônier avec le bras qui lui restait.

En terminant, l'aumônier cite un beau trait de dévoûment fraternel. Un capitaine légèrement blessé était couché à côté de son frère atteint d'une blessure sans remède, et il souffrait cruellement, non pas de son mal, mais de celui qu'endurait son frère. L'aumônier le suppliait, toujours en vain, de consentir à se laisser évacuer sur Constantinople, où il se serait promptement rétabli. Mais lui voulait rester là où son frère gémissait, afin de lui prodiguer quelques secours, autant qu'il dépendait de lui. A bout d'arguments, l'aumônier finit par invoquer, auprès du capitaine, le souvenir de sa femme qu'il a laissée en France, par le conjurer en son nom de partir. — Non, la voix du sang crie plus haut. répondit-il. Quand j'aurai rendu les derniers devoirs à mon pauvre frère, je ferai ce que vous voudrez.

Hélas ! l'agglomération des blessés dans l'ambulance y avait développé les maladies pernicieuses, et celui qui était destiné à survivre à l'autre, précéda de deux jours celui qui était voué à une mort certaine.

Nous avons contemplé assez de scènes de douleur. Allons retrouver la gaîté française faisant front aux situations les plus pénibles. Cela rassurera les mères que dévore une tendre inquiétude. Un jeune sous-officier écrit à la sienne :

« Qu'elle m'a fait plaisir, votre lettre, ma chère mère ! qu'elles me font de bien, ces leçons si tendres et si maternelles que vous me donnez, et comme je les lis et relis avec attention, ces lettres que vous m'envoyez trop rarement, car j'en voudrais tous les jours ! Vous me souhaitez bien des choses, là-bas ; je vous vois tous assis au coin du feu, vous entretenant de moi : l'un me voit bientôt décoré, l'autre pense qu'avant peu j'aurai l'épaulette, et vous, bonne mère, vous espérez bientôt me revoir. Ah ! qu'il me serait doux de retourner au foyer paternel après tant de souffrances et de fatigues ! Avec quelle joie je vous reverrais tous après avoir cru tant de fois que je serais à jamais privé de ce doux plaisir ! Ce que nous apprécions fort, c'est de pouvoir, la nuit, prendre un peu de repos, au lieu d'être, comme autrefois, obligés de nous coucher en gendarmes, c'est-à-dire tout habillés et prêts à partir an premier signal. Nous couchons quatre sergents dans un petit marabout ; le soir, avant de nous endormir, nous prenons un journal et le lisons en petit comité ; chacun fait des réflexions plus ou moins spirituelles, et nous rions comme des fous.

» Ainsi est fait le troupier : un moment de gaîté lui fait oublier tous ses dangers et toutes ses fatigues, quitte à les retrouver de plus belle le lendemain. Je puis vous dire encore que je jouis d'une parfaite santé, je suis frais et rose, c'est un plaisir ; j'irais jusqu'à dire joufflu, et vous ne me reconnaîtriez plus, tant il y a de différence avec ce que j'étais à Lyon.

» J'espère que vous priez toujours pour moi, chère mère : j'y compte, et cette douce pensée me remplit de confiance. »

XV,

Venez à moi, vous tous qui êtes dans la peine, et je vous soulagerai.

« Un jeune lieutenant de vaisseau avait obtenu l'autorisation de passer quelques jours parmi les siens pour se remettre des fatigues de la guerre, à laquelle il avait pris une part glorieuse.

» On donnait alors une mission dans sa ville natale. Mais c'est en vain que pour attirer le lieutenant aux pieux exercices, sa famille vantait beaucoup la beauté des cérémonies et l'éloquence du prédicateur : il résistait toujours, retenu qu'il était par le respect humain, les préjugés et les passions. Un jour, cependant, deux charmantes nièces le conjurèrent avec tant d'instances de les accompagner, qu'il se décida, uniquement afin de les conduire à l'église que la foule encombrait, et bien résolu de se retirer avant l'office. Mais à peine avait-il laissé ses nièces à leur place, l'assemblée devint tout-à-coup si compacte, qu'il fut contraint de subir, en maugréant, ce blocus d'une nouvelle espèce, à la grande joie des deux jeunes personnes. D'abord le sermon le trouva entièrement hostile, et le sourire de l'*esprit-fort* se glissait continuellement sur ses lèvres. Mais le prédicateur vient à citer ces mots de l'Evangile : « Venez tous à moi, » vous qui êtes affligés et dans la peine ; venez, et je » vous soulagerai. » Cette parole divine l'attendrit et fait pénétrer la grâce dans son cœur ; il ne peut résister à son émotion ; et après le sermon, il suit le prédicateur à la sacristie, en lui demandant un moment d'entretien. Le prêtre devait terminer l'office, il s'excuse à regret ; mais, habitué aux coups de la grâce et devinant ce qui se passait dans l'ame du lieutenant, il lui fait donner sa parole d'honneur qu'il reviendra le lendemain à une heure indiquée.

» Hélas ! les bonnes impressions de la veille se virent

étouffées pendant la nuit, sous l'ivraie des préjugés et de passions; et l'officier hésitait à se rendre. Mais un bon militaire est fidèle à sa parole, il ira au rendez-vous, ne fût-ce que pour dégager sa promesse, en assurant le prêtre qu'il n'a absolument rien à lui dire de sérieux... Une niaiserie passagère l'avait conduit la veille à la sacristie, et il le priait de l'excuser.

» Mais alors, qu'aviez-vous donc à me dire ?...—Oh ! bah ! un rien, un mot, une bêtise. — Mais encore ?—J'ai eu la sottise d'être impressionné par une phrase de votre discours. — Eh bien ! laquelle. — Le brave militaire tremble alors et se sent profondément ému... M. l'Abbé, vous avez dit : « Venez tous à moi, vous qui travaillez et avez de la peine, et je vous soulagerai.... » Et les larmes lui coupent la parole ; puis, se jetant dans les bras du prêtre : Mon père, vous me tenez maintenant, ne me lâchez plus.

» Depuis ce temps, sa vie a complètement changé, et il a trouvé le bonheur que lui promettaient les paroles sacrées. Il fait la consolation de sa famille et l'honneur de son pays, en suivant les préceptes de la religion comme sait la pratiquer un brave militaire : en vrai chrétien et en vrai Français.

Lyon.—Imprimerie d'Ant. Perisse.

Incessamment la Livraison suivante.

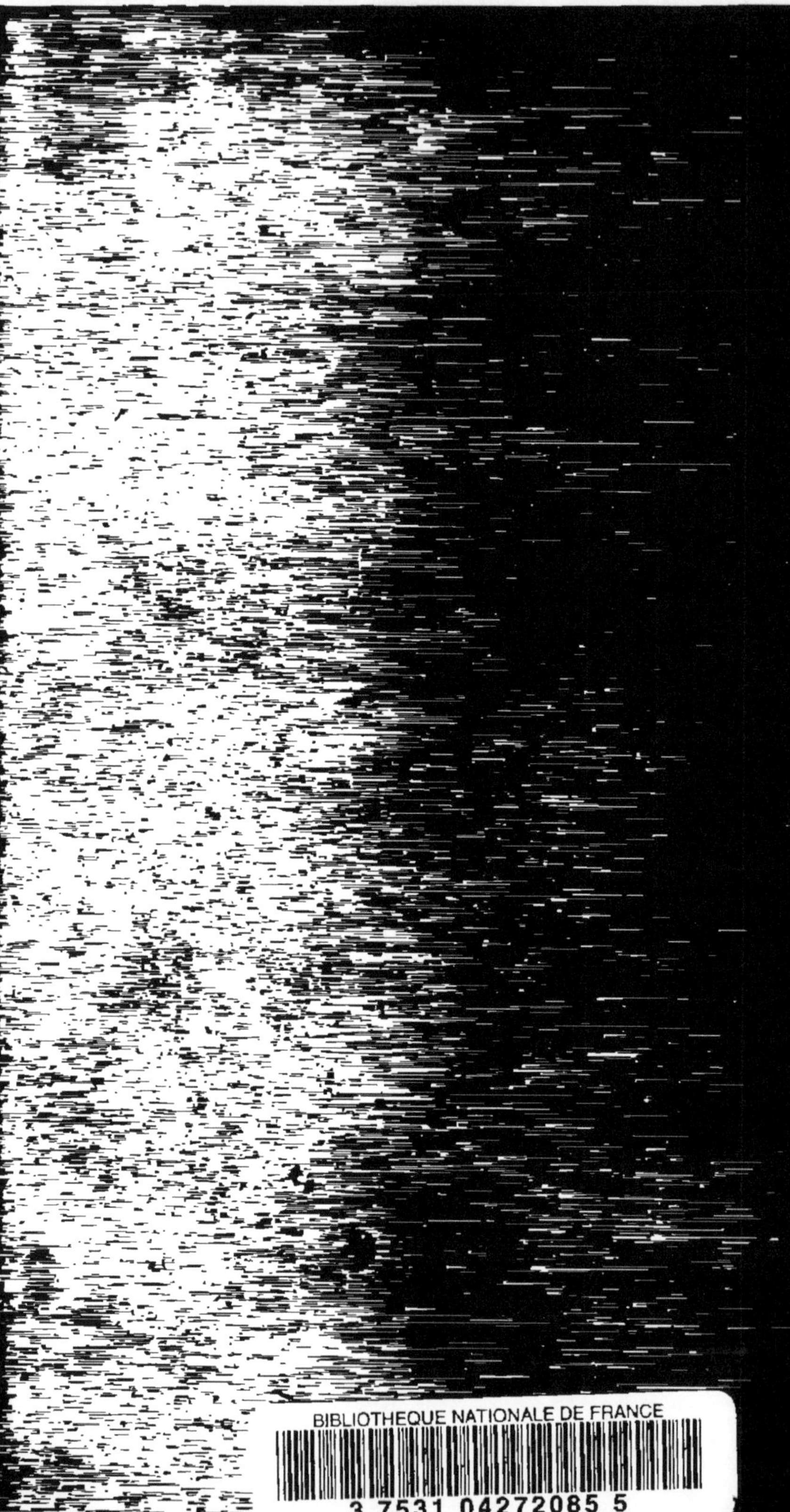

www.ingramcontent.com/pod-product-compliance
Ingram Content Group UK Ltd.
Pitfield, Milton Keynes, MK11 3LW, UK
UKHW020416230726
13925UKWH00004B/1466

9 782014 443448